falter 30

Wolfgang Held

Der siebenfache Flügelschlag der Seele

Leben mit dem Rhythmus der Woche

Verlag Freies Geistesleben

Diesem 30. falter liegen Aufsätze zugrunde, die Wolfgang Held im Jahr 2000 für den ersten Jahrgang des Lebensmagazins «a tempo» schrieb. Sie erscheinen hier in erweiterter Form und durch Fotos – mit Ausnahme der Aufnahme des Fischers am Meer von Michael M. Rosen und von Michelangelos David – von Wolfgang Schmidt ergänzt.

4. Auflage 2018

Verlag Freies Geistesleben
Landhausstraße 82, 70190 Stuttgart
www.geistesleben.com

ISBN 978-3-7725-1430-2

© 2004 Verlag Freies Geistesleben
& Urachhaus GmbH, Stuttgart
Konzeption: Jean-Claude Lin / Gestaltung: Maria A. Kafitz
Umschlagfoto: Wolfgang Schmidt, Ammerbuch
Druck: GGP Media GmbH, Pößneck
Printed in Germany

Inhalt

Vorwort

Den Raum haben wir erobert. Jeder Landstrich ist vermessen worden, selbst der entlegenste Fleck ist aufgezeichnet und mit technischen Bewegungsmitteln erreichbar. Heutige Entdeckungsreisen spielen sich nicht mehr im Raum ab, sondern in derjenigen Dimension, die uns noch viele Rätsel aufgibt: die Zeit. Hier liegt im 21. Jahrhundert die terra incognita, das unbekannte Land. Sei es die Zeitstruktur der menschlichen Biographie oder das rhythmische Gefüge der Tages- und Jahreszeiten in der Seele und im Organismus: immer umfassender entdecken wir, dass Zeit nicht gleichförmig fließt, wie das Bild der Sanduhr es nahe legt, sondern ein Gewebe verschiedenster wechselnder Qualitäten ist. Sie zu bemerken, zu verstehen und zu nutzen gehört zu unseren Kulturaufgaben.

Die in den folgenden Kapiteln beschriebene Entdeckungsreise in das Gefüge der 7-Tage-Woche soll wie jeder gute Reiseführer vor allem eines leisten: anregen, eigene Entdeckungen zu machen, um sie gedanklich zu durchdringen und für die Lebensführung nutzbar werden zu lassen.

Besonders bedanken möchte ich mich bei Hartwig Schiller, dessen Hinweis zur Woche mich veranlasste, mich mit den Eigenschaften der Wochentage zu befassen, und bei meinem Vater, Berthold Held, dessen stilistische Hinweise mir eine große Hilfe waren.

Dornach, im Juli 2004   Wolfgang Held

Was liegt der Siebentagewoche zugrunde?

0 | Einleitung

Der siebenfache Flügelschlag der Seele

Die Verwandtschaft von Wasser und Seele

Die menschliche Psyche wird gerne mit dem Meer verglichen. Nicht nur, dass das Meer ebenso weit und unergründlich wie die menschliche Seele scheint, beide haben noch etwas anderes Zentrales gemeinsam: die Bewegung. Zwar scheint es beim Wasser immer etwas Äußeres zu sein, wie beispielsweise Wind oder ein Gefälle, durch das es in Bewegung versetzt wird, aber ein genauerer Blick zeigt, dass die Bewegung ganz eng zum Charakter des Wassers selbst gehört. Ein einfacher Versuch kann dies illustrieren: man lässt über eine schräg gestellte Glasscheibe ein Wasserrinnsal laufen: Das Wasser folgt zwar der

Neigung der Platte, das heißt der Schwerkraft, aber es sucht dabei seinen eigenen geschwungenen Weg, der sich ständig geringfügig ändert. Im Wasser steckt eine Tendenz zum Schwingen, eine innere Regsamkeit, die über lange Zeiten hinweg zu den wunderbar geschwungenen Flussmäandern führt, die sich in die Landschaft eingraben, wenn das Wasser nicht durch Kanalisierung in ein gerades Bett gezwungen wird. Doch selbst wenn das Wasser nicht fließt, ist es meistens in Bewegung, beziehungsweise in Erwartung der Bewegung: ein leiser Windhauch reicht, ein Flossenschlag genügt und schon antwortet das Wasser durch rhythmische Wellenbewegungen, aber es braucht die Anregung von außen, um in sein Schwingen zu kommen.

Die königliche Seite der Seele

Die menschliche Seele ist dem verwandt. Jeder Sinneseindruck, jeder äußere Reiz kann unsere Seele in Bewegung, in innere Regsamkeit in Form von Gefühlen, Gedanken oder auch Handlungen versetzen. Nicht umsonst sagen wir, ein Mensch sei kalt, wenn er auf äußere Geschehnisse nicht mit Interesse und Anteilnahme reagiert. Er ist dann wie das gefrorene Wasser, das ebenfalls seine «Bewegungsliebe», seine Empfindlichkeit für Anregung verloren hat. Während das Wasser aber auf äußere Hilfe angewiesen ist, um in sein eigenes Schwingen und Wirbeln zu geraten, kann | 0 der Mensch ohne äußeren Anlass ganz aus sich selbst heraus in Bewegung kommen, wo alles äußere nur Ablenkung ist, wo die Bewegung verborgen im Innern stattfindet. Dies ist wunderbar dargestellt im Bild des Barons Münchhausen, der sich selbst am Schopf hochzieht, um sich aus dem Sumpf zu befreien. Die Seele kann sich selbst aus eigenem Antrieb in Bewegung und Entwicklung versetzen, und es gibt wohl keine Religion in der nicht gerade diese Fähigkeit als die königliche Seite der Seele beschrieben wird. Dabei ist unser Sprachgebrauch sehr interessant: Sich selbst aus der Kraft des eigenen Ichs in Bewegung zu bringen, sei es durch Besinnung, Meditation oder ein Gebet bedeutet zugleich Vertiefung und Erhöhung. Dann wird die Seele wie ein ruhiger Bergsee: Es spiegelt sich der ganze Himmel in ihm und zugleich kann man tief auf seinen Grund sehen.

Zwischen diesen beiden Extremen, Anregung und Erfrischung von der Außenwelt zu finden und dem ganz bei sich sein pendelt die Seele und dabei gilt, je stärker umso besser. Je mehr man gelernt hat, sich mit eigenen Gedanken, einem guten Buch, einem klugen Ausspruch oder sonst etwas Gehaltvollem zurückziehen zu können – und seien es nur wenige Minuten am Tag – desto engagierter und interessierter kann man beispielsweise auf andere Menschen zugehen, fremde Gedanken zulassen oder die Natur genießen.

Wer auf diesem Feld übt, wird bemerken, dass manches an bestimmten Tagen nicht so gut gelingt, wie an anderen Wochentagen. Beispielsweise ist es schwieriger, am Mittwoch sich auf sich selbst zu konzentrieren, während am Donnerstag es leichter ist, Entschlüsse zu fassen und Prüfungen zu bestehen. Woran liegt das?

Der Rhythmus der Woche

Die Woche ist ein merkwürdiger Rhythmus. Weder geht sie im Monat glatt auf, noch im Jahr, so dass ein bestimmtes Datum immer auf verschiedene

Wochentage fällt. Rein wirtschaftlich betrachtet ist sie scheinbar das Unpraktischste, was unsere Zeiteinteilung in Sekunde, Minute, Stunde, Tag, Woche, Monat und Jahr zu bieten hat, und dennoch hält sich fast die ganze Menschheit an diesen Siebener-Rhythmus. Auch aus astronomischem Blickwinkel ist die Woche eine Ausnahme. Während der Monat vom Mondlauf und Tag und Jahr vom Sonnenlauf abgelesen sind, entspricht die Woche keiner kosmischen Zeitgliederung, wenn man von der Vierteilung des Mondlaufs in Neumond – Halbmond – Vollmond – Halbmond absieht. Was ließ im Altertum die aus Chaldäa stammende Siebentagewoche über die damals vielfältigen anderen Monatsteilungen, wie die Fünftagewoche der Sumerer, die Achttagewoche der Römer, die Neuntagewoche der Babylonier oder die Zehntagewoche im alten Ägypten triumphieren? Die Antwort liegt im Menschen. So wie innerhalb eines Tageslaufes Aktivität und Passivität sich ganz typisch abwechseln und zum Beispiel von 13.30 Uhr bis 14.30 Uhr allgemein die geringste Leistungsfähigkeit besteht, so schwingt die Seele des Menschen von Tag zu Tag in sieben unterschiedliche Grundstimmungen.

Das Erstaunliche ist nun, dass diese Stimmungen den Eigenschaften, dem Charakter der sieben klassischen Planeten entsprechen, die den einzelnen Wochentagen im alten Babylon vor etwa 4000 Jahren zugeordnet wurden.

0 |

Eine moderne Zeitforschung

Eine moderne, kosmologisch orientierte Zeitforschung zu entwickeln heißt, sowohl beobachten, was typischer Charakter eines Wochentages ist, als auch untersuchen, welche besonderen Eigenschaften der diesem Wochentag zugeordnete Planet besitzt. Dieser vergleichende Blick hilft zu verstehen, warum zum Beispiel eine Zusammenarbeit am Dienstag eine besondere Herausforderung darstellt.

Um mit den Anforderungen des heutigen Berufs- und Privatlebens zurecht zu kommen, sollten wir die Qualitäten der einzelnen Wochentage besser kennen, um sie individuell nutzen und dadurch Kraft sparen zu können. In den folgenden Kapiteln wird jeweils das Typische eines Wochentages behandelt werden. Ziel kann es

dabei niemals sein, rezeptartige Hilfen anzubie-
ten. Vielmehr sollen die folgenden Schilderungen
anregen, den eigenen Blick auf das differenzier-
te und lebensvolle Gefüge der Zeit zu schärfen,
um so gewissermaßen selbst zum Zeitforscher
zu werden. Vielleicht folgen dann eigene | 0
Entdeckungen, wie beispielsweise diejenige,
dass am Freitag geschriebene Klassenarbeiten
schlechter ausfallen als an anderen Tagen und
der Samstag der am meisten verkannte Tag ist.

Rhythmus ersetzt Kraft.

Kommt die Ruhe
vor oder nach dem Tun?

1 | Sonntag

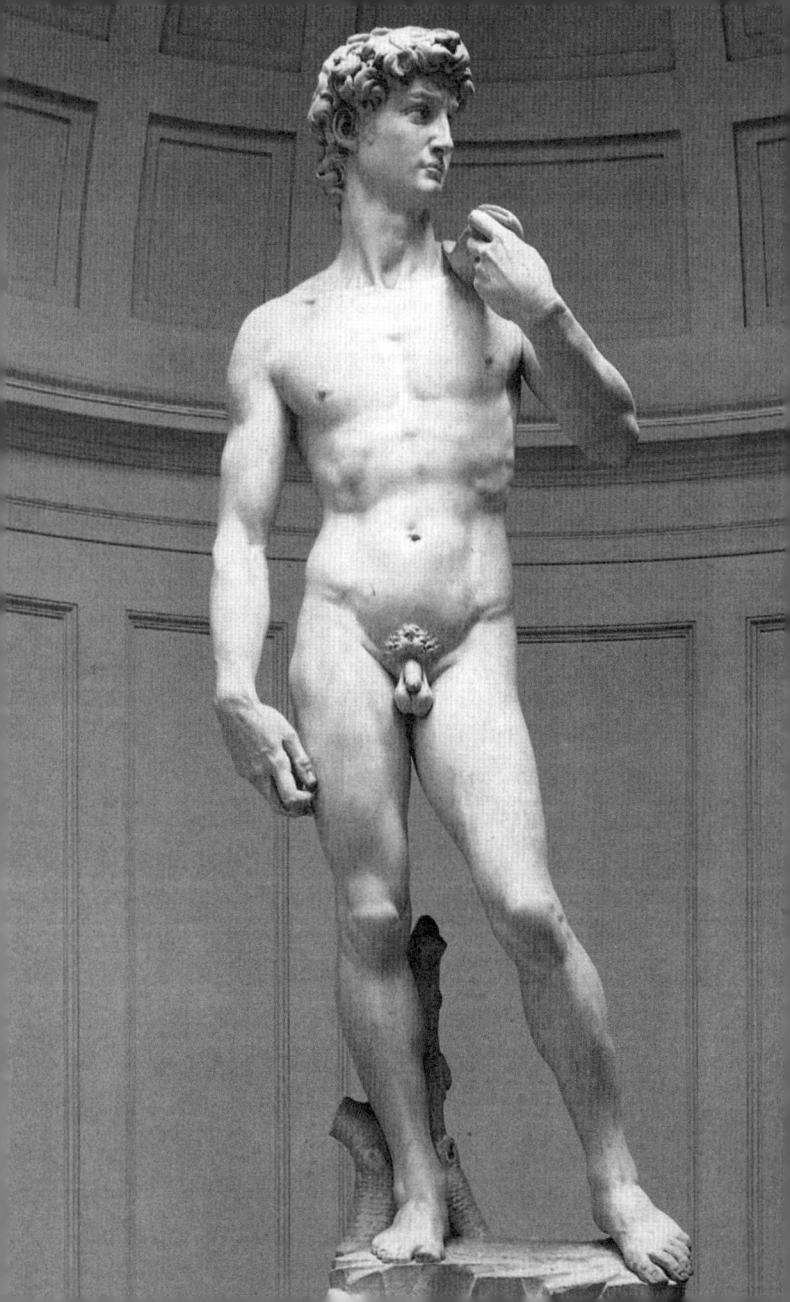

Wann beginnt die Woche?

Wochenende und Wochenanfang

Es scheint selbstverständlich zu sein: Freitag nachmittags beginnt das Wochenende und am Montag
morgen fängt eine neue Woche wieder an. Doch
diese Einteilung der Woche in fünf Arbeitstage
von Montag bis Freitag und dann zwei Tage
Wochenende führt sowohl körperlich als auch für
das seelisch-geistige Gefüge zu Problemen: Das
Wochenende wird, wie der Name sagt, als ver-
dienter und erholsamer Ausklang der Woche erlebt
und je mehr man diese Zeit genießt, sei es durch
Lesen, Ausflüge oder sonstiges, desto plötzlicher

23

kommt der Montag als Beginn der neuen Woche auf einen zu. Das ist anstrengend und zugleich ein gutes Beispiel dafür, dass das Maß der Erholung oft nicht in der Länge der Freizeit liegt, sondern in der organischen Gestaltung dieser Zeit. Und zu solch einem hygienischen Umgang mit der Zeit gehört, dass man den Sonntag nicht als letzten Tag der Woche, sondern als ersten Tag betrachtet wie es in der christlichen Tradition selbstverständlich ist.

Praktische Konsequenzen

Dies hat praktische Konsequenzen: Wer am Sonntagmorgen empfindet «jetzt beginnt die neue Woche», der wird vorausschauen, wird überlegen was kommen wird, was zu entscheiden ist und was zu planen ist. Gestärkt durch die Sonntagsruhe kann man die beginnende Woche ins Auge fassen und damit etwas von dieser Ruhe, dieser inneren Sammlung in die gesamte Woche einströmen lassen.

Der Bildhauer Michelangelo hat in seinem berühmten David eine Plastik geschaffen, die diese Sonntagsstimmung wunderbar zum Ausdruck bringt. Vasari, ein Biograph des Künstlers hat dies wohl auch so empfunden, wenn er folgende Überlegungen über diese Skulptur anstellt. «Der Zwerg David bezwingt den Riesen Goliath mit einer Steinschleuder. Warum hat Michelangelo die Größe der Tat nicht dadurch zum Ausdruck gebracht, dass er in Stein gehauen hat, wie der David den Riesen gerade bezwingt, oder sogar über den bereits geschlagenen Riesen triumphiert?» | 1

Weil, so führt Vasari aus, der größte Moment dieser mutigen Tat nicht im eigentlichen Kampf liegt, sondern in dem, was Michelangelo plastiziert hat, was dem Kampf vorausgeht: den Moment, in dem David besonnen den Entschluss zur Tat fasst, und nun nur noch der Wille in die Glieder strömen muss. Im klaren, ernsten und zuversichtlichen Blick des Davids kommt mehr an seelischer Sonntagsstimmung zum Ausdruck, als man in vielen Büchern schreiben kann.

Hektik, Stress und Ruhe

Viele Initiativen, Handlungen und sonstige Tätigkeiten wären in diesem Sinne ärmer an Hektik,

Stress und auch Konflikten, wenn der Entschluss zu ihnen an einem Sonntag gefallen wäre. So sehr nach einer Tat Ruhe zur Erholung und Besinnung notwendig ist, so sehr braucht man davor Ruhe und Sammlung für den besonnenen Entschluss. Der Dirigent, der sekundenlang mit geschlossenen Augen verharrt, ehe er den Stock zum Einsatz hebt, der Leichtathlet, der vor dem Anlauf sich sammelt und sich seines Körpergefühls bewusst wird – all das sind Beispiele kleiner Sonntagsmomente.

Während man gewöhnlich Ruhe mit Entspannung verbindet, ruft die Sonntagsruhe Spannung hervor, innere erwartungsvolle Spannung angesichts der ins Auge gefassten Perspektiven.

Den Sonntag zu pflegen, ja vielleicht zu heiligen heißt deshalb, ihn zur Sonne werden zu lassen: So wie die Sonne der Erde unablässig Wärme und Licht schenkt und damit Lebensentfaltung und Entwicklungen hervorruft, so kann im Sonntag als erstem Tag der Woche die Quelle von Zuversicht und vielfältiger persönlicher Initiativen liegen, die sich an den einzelnen Tagen der Woche entfalten können.

Aussprüche wie «Im Anfang liegt alles begründet» oder «it ends as it starts» meinen keinen vorbestimmten Verlauf der Ereignisse, ist ein Beginn einmal gesetzt. Sie zielen auf die Tatsache, dass, vergleichbar dem Samen einer Pflanze in der Art des Beginnens, der Geist eines Vorhabens – und damit sein Charakter – schon gegeben ist. Insofern ist am Sonntag die ganze Woche anwesend.

| 1

Nirgend, nirgend in der Welt mangelt es an teilnehmenden, beistimmenden Seelen; wenn nur einer auftritt, dessen Umstände ihm völlige Freiheit lassen, all seiner Entschlossenheit zu folgen.

Goethe, Clavigo I

Kann ich das Eigene zurückhalten?

2 | Montag

Hingabe an das Neue

Der Mond geht auf

Nicht umsonst trägt der erste Werktag den
Namen des Mondes, denn er zeigt auf zweifache
Weise die Eigenschaft der Hingabe: Gegenüber
der Sonne, indem er ihr Licht spiegelt und am
Himmel die gleiche Größe einnimmt wie sie,
und gegenüber der Erde, indem der Mond seine
Eigenrotation so zurücknimmt, dass er gekoppelt
an die Erde uns immer die gleiche Seite zeigt.

«Ei! So habt doch endlich einmal die Courage,

euch den Eindrücken hinzugeben, euch ergötzen zu lassen, ja euch belehren und zu etwas Großem entflammen und ermutigen zu lassen ...», sagt Goethe, im Gespräch mit Eckermann.

In einem Artikel über Voraussetzungen professioneller Biographieberatung hieß es vor einigen Jahren etwas bissig «man dürfe das bloße Stillsein und Zuhören nicht gleich als die Esoterik des Schweigens betrachten». Gemeint war, dass für die Offenheit und Anteilnahme, die in solch einem Therapiegespräch notwendig ist, es auf viel mehr als das schlichte «nun erzählen Sie mal» ankommt. Es klingt widersprüchlich, aber obwohl der Therapeut in den ersten Gesprächen kaum etwas zu sagen hat, muss er intensiv vorbereitet sein und aufs engste mit den biographischen Gesetzmäßigkeiten vertraut sein. Warum? Weil im Zuhören mindestens so viel Aktivität spürbar werden kann wie im späteren Analysieren der beschriebenen Lebenssituation. Diese Aktivität geht allerdings in die entgegengesetzte Richtung: um – und dies gilt nicht nur für das besprochene Beispiel – eine offene und unbefangene Stimmung zu schaffen, die dem anderen hilft, sich auszusprechen, die richtigen Worte zu finden, muss man selber sich zurücknehmen. Dies klingt banal, heißt aber, dass man konkret etwas zum zurücknehmen haben muss. Man muss zu etwas, was geschildert wird, eigene Gedanken, Vorstellungen und Bilder besitzen, die man nun zu stauen in der Lage ist. Umso zwangloser und ohne sichtbaren Kraftaufwand diese Zurückhaltung des Eigenen gelingt, desto reicher und vertrauensvoller kann sich ein Gespräch entfalten.

| 2

Staunen lernen

Gerade im Umgang mit Kindern stellt sich die Frage fortwährend: Kann man «mit-staunen» wenn die frische Beobachtung berichtet wird, dass sich die Fühler von Schnecken bei Wind nicht, wohl aber wenn gepustet wird, zurückziehen. Kann man das eigene Wissen zurückhalten?

So sinnlos wie der Ausspruch «sei spontan», ist auch die Forderung, sich auf Neues schöpferisch einzulassen. Beides verlangt Vorbereitung und kann nicht ad hoc geschehen. Innerhalb der Wochentage ist dies am deutlichsten am Montag zu bemerken. Wenn der vorangehende Sonntag als Anfang der Woche erlebt wird, indem man auf der Grundlage der Sonntagsruhe die beginnende Woche plant und Entschlüsse fasst, dann kann der Montag sich entfalten. Er verliert seinen Schrecken, Spielverderber des Wochenendes zu sein. Er zeigt seine eigentliche Seite: Neues zu bringen. Denn an keinem Tag begegnen wir so viel Veränderung wie am Montag, deshalb verlangt er von uns Offenheit oder sogar Hingabe, mehr als jeder andere Tag. Doch Hingabe an das Neue des Montags ist nur möglich, wenn dieser Tag uns nicht als plötzliches Ende des Wochenendes überrascht, sondern wenn man gespannt ist, ob die Ideen oder die kleinen Veränderungen, die man am Sonntag bedacht hat, am Montag zu verwirklichen sind oder ob sie doch etwas «vom grünen Tisch aus» geplant wurden. Um dies herauszufinden, muss man, so gut es geht, die Wirklichkeit aufnehmen, das heisst den Widerspruch bewältigen, das eigene Wesen still werden zu lassen und es zugleich in stärkste Aktivität und Aufmerksamkeit zu versetzen. Dies kennzeichnet besonders den Montag: die Hingabe an die Außenwelt.

Offenheit für Murphy's Law

Natürlich kommt oft manches am Montag ganz anders als am Sonntag vorgeplant, doch bei entsprechender Vorbereitung lässt einen dann die Phantasie auf das Neue fruchtbar einzugehen nicht im Stich und Murphy's Law gilt dann tatsächlich: Wenn etwas anders kommt als gedacht, ist man rückblickend froh, dass es anders gekommen ist.

| 2

Die Aufmerksamkeit ist in der Tat nicht einfach eine Tugend oder das Ergebnis einer Erziehung: sie ist ein Zustand des Seins. Es ist der Zustand, ohne den wir nie fähig sein werden, vollkommen zu sein. Es ist im eigentlichen Sinn der Horchwinkel des Universums.

Jacques Lusseyran, Ein neues Sehen der Welt

Wann bedeutet Zögern, den richtigen Moment zu verpassen?

3 | Dienstag

Ein besonderer Tag für Fehler

Entschluss und Vorhaben

Jedes Vorhaben, sei es das Studium eines Landes, das man bereisen möchte, oder eine gemeinschaftliche Arbeit oder die Gestaltung eines Gartens, vollzieht sich in bestimmten Phasen. Diese einzelnen charakteristischen Abschnitte können sich innerhalb eines Nachmittags abspielen oder bei einer kurzen Begebenheit in Minuten dicht gedrängt aufeinander folgen. Am reinsten erscheinen diese Phasen allerdings an den Wochentagen, wenn sie durch den Schlaf, als die markanteste sich stetig wiederholende Pause des Lebens, voneinander getrennt sind.

Am Beginn eines Vorhabens steht immer ein mehr oder weniger bewusst gefasster Entschluss. Je besonnener und weitsichtiger er geführt wird, desto mehr Kraft kann in der Sache liegen und um so seltener werden bei Widerständen Zweifel und Skepsis aufkommen. Der einmal gefasste Entschluss stärkt die innere Gewissheit und verringert die Last äußerer Probleme. Dies ist die Stimmung des Sonntags: Aus der Ruhe einen neuen Anfang setzen. Natürlich ist diese Betrachtung schablonenhaft, aber gerade dadurch wird man aufmerksam auf den Charakter, die Möglichkeiten und Aufgaben der einzelnen Wochentage.

Nun folgt der Montag, der Entschluss wird mit Gegebenheiten konfrontiert. Je freier von Vorurteilen und je unvoreingenommener man die auf einen zukommende Wirklichkeit wahrnehmen und berücksichtigen kann, desto organischer kann das Neue auf dem Alten aufbauen. Die Ideen des

Sonntags müssen sich nun mit dem tatsächlichen Geschehen verbinden. Am Montag zeigt sich oft, wie frei unser Verhältnis zu unseren Ideen ist: Sind wir in sie verliebt, oder können wir ihren Kern halten und die überflüssige Schale über Bord werfen? «Schöpferisches Zerstören» nennt der amerikanische Wirtschaftsautor Bill Emmot, diese moderne, am Wandel orientierte Tugend des gleichzeitigen Loslassens und Festhaltens.

Der konkrete Wille

Aus dem Zwiegespräch von Entschluss und erfahrener Wirklichkeit wächst nun der konkrete Wille. Man beginnt mit der eigentlichen Arbeit. In unserem Beispiel der Gartengestaltung stehen vielleicht dem Entschluss, eine geschwungene Trockenmauer zu bauen, gegossene Betonsitze im Weg. Also wird am Dienstag mit Meißel und Spitzhacke den Sitzen zu Leibe gerückt und dabei manch anderes vergessen. Widerstände, die auftauchen, werden mit Engagement weggeräumt und es wächst der Wunsch, etwas von dem «Sonntagsvorhaben» nun, am Dienstag mehr und mehr Gestalt werden zu lassen. Dieser Tag ist deshalb von besonderer Dynamik und eigner Gangart geprägt.

Von der dreifachen Dynamik des Planeten Mars

Dieser Charakter des dritten Tages der Woche findet sich unter den Planeten vor allem beim Mars wieder. So wie zum Dienstag Vorpreschen und Tatendrang gehören, so zeigt der rote Mars die stärkste Dynamik im Planetensystem, und zwar vierfach in den Gegensätzen hell – dunkel, schnell – langsam, hoch – tief und ruhig – stürmisch: Während er über lange Zeit nur als schwach glimmender orangefarbener Leuchtpunkt zu sehen ist, strahlt er in erdnaher Position heller als Jupiter. Zum anderen ist seine Bahn besonders gestaucht, so dass er zwischen schnellem und langsamem Lauf wechselt. Außerdem gibt es nur auf dem Mars Sandstürme, die den ganzen Planeten erfassen können. Des Weiteren gibt es auf dem Mars mit «Olympus Mons» den höchsten Berg im Sonnensystem, der mehr als drei Mal das Himalaya-Gebirge übersteigt und entsprechend bildet das 10 km tiefe Becken «Hellas» die tiefste Senke unter den Planeten.

Fehler interessant finden

Zu ermutigen, eigene Ideen aufzugreifen und umzusetzen heißt auch, eine Atmosphäre zu schaffen, in der Fehler nicht nur als bedauerliches Übel akzeptiert werden, sondern als notwendige Erscheinungen einer Entwicklung bejaht werden. Da das unbefangene Schaffen vor allem am Dienstag zu Hause ist, ist es gerade an diesem Tag wichtig, eine «Fehlerkultur» zu entwickeln und Irrtümer interessant zu finden.

| 3

Der Handelnde ist immer gewissenlos; es hat niemand Gewissen als der Betrachtende.

Goethe, Sprüche in Prosa / Maximen und Reflexionen

Was ist ein Zentrum ohne Umkreis?

4 | Mittwoch

Interesse für den Umkreis

Bei der Arbeit und danach

Entscheiden aus Ruhe und Besonnenheit –
Offenheit für und Hingabe an die Bedingungen
der Außenwelt – Dynamik und Engagement
im Realisieren der Entschlüsse, dies waren die
(zwar schablonenhaften) aber doch typischen

Dispositionen der Wochentage, wie sie für Sonntag, Montag und Dienstag charakterisiert wurden. Was folgt nun auf die Tatkraft, die am Dienstag vorherrschte?

Etwas, was wohl bei jeder Form von Zusammenarbeit beobachtet werden kann. Ein Beispiel: Mit einigen Helfern ist man damit beschäftigt, einen Raum für ein Fest vorzubereiten. Jeder hat sich einer bestimmten Aufgabe, wie Tische stellen, Buffet richten oder Blumen komponieren angenommen und konzentriert sich darauf. Über kurz oder lang, aber meistens bevor die eigene Tätigkeit beendet ist, beginnt man sich dafür zu interessieren, was die Mitarbeiter mittlerweile zustande gebracht haben. Während vor kurzem jeder noch in seiner Ecke, gewissermaßen mit imaginären Scheuklappen versehen, beschäftigt war, beginnt man mehr und mehr beim Arbeitsplatz eines anderen stehen zu bleiben. Plötzlich stehen einige oder sogar alle beisammen und betrachten gemeinsam einen bestimmten Arbeitsbereich.

Konzentration und Ausdehnung

Ein typischer Rhythmus der menschlichen Psyche wird sichtbar: aus der konzentrierten Tätigkeit schlägt die Aktivität um in ein Interesse für die Umgebung. Was haben die anderen geschafft und wie fügt es sich mit dem, was ich entwickelt habe, zusammen? Was im weiteren Umkreis könnte für meine Arbeit interessant und inspirierend sein? Solche Fragen sind typische Triebfedern am Mittwoch. Aus diesem Grund finden beispielsweise die lokalen Treffen der Anthroposophischen Gesellschaft vornehmlich an diesem Tag statt, denn es wird versucht, in Begegnung und Austausch mit anderen spirituell engagierten Menschen zu neuen Einsichten und Initiativen zu kommen. Dazu bedarf es vor allem der Aufmerksamkeit für die Tätigkeit und die Fragen des anderen Menschen. Die besondere Disposition dazu liegt am Mittwoch vor, dem Wochentag des Merkur (französisch: mercredi = Mittwoch).

Merkur der Beziehungsschaffer

Dass hinter der etwa 4000 Jahre alten Zuordnung der Planeten zu den Wochentagen eine tiefe Kenntnis liegt, zeigt der vergleichende Blick von der Stimmungslage am Mittwoch zu den Merkmalen Merkurs: Kein Planet nimmt auf so vielfältige Weise Kontakt mit seinem planetarischen Umkreis auf, wie der sonnennächste Planet. Dazu zwei Kennzeichen der merkuriellen Eigenschaft: Merkur wandert so schnell um die Sonne, dass er durchschnittlich alle 116 Tage die Erde überholt. Neben dieser Wanderung um die Sonne, dreht er sich wie alle Planeten außerdem um seine eigene Achse. Für diese Rotation um sich selbst benötigt er 58 Tage, genau die Hälfte von 116 Tagen, der Dauer von einer Erdbegegnung zur nächsten. Merkur hat seine Rotation auf die Erde abgestimmt, doch nicht nur das: Merkurs mittlere Entfernung zur Sonne ist mit 55 Millionen km im Verhältnis zur Erde (149 Mio km) 38 % und seine Größe ist mit 4.880 km Durchmesser im Vergleich zur Erde (12.740 km) auch 38 %. Merkur steht in Größe und Sonnendistanz im gleichen Verhältnis zur Erde. Nun ist 38 % gerade der kleine Teil des Goldenen Schnittes, derjenigen Proportion, die in allen Wachstumsprozessen und Gestaltungsformen der Natur auftritt.

Während in Umlauf und Rotation, in der zeitlichen Erscheinungsform des schnellen Planeten, musikalische, harmonische Verhältnisse wie 1 : 2 oder 2 : 3 herrschen, zeigt er in Distanz und Größe die schöpferische Proportion des Goldenen Schnittes, oder der sectio divina (Göttlicher Schnitt), wie es noch in der Renaissance hieß. So verschieden, ja polar diese zeitlichen und räumlichen Verhältnisse des Planeten auch sein mögen, sie stimmen darin überein, dass es in beiden Fällen um ein fruchtbares, harmonisches | 4 Beziehungsgefüge zum kosmischen Umfeld geht. Wie vollkommen Merkur das Prinzip des «In-Beziehung-treten» verwirklicht, unterstreicht eine weitere Eigenart des Planeten: Merkur stellt sich ohne Neigung frei in den Kontext. Das ist wörtlich zu nehmen: Er ist der einzige Planet, dessen Achse, senkrecht auf seiner Bahn steht, ohne sich einer Richtung fest zuzuwenden. Er nimmt keine spezielle vorgefasste «Haltung» ein und kann deshalb zu allen Planeten im Umkreis gleichermaßen in ein Verhältnis treten. Die «Beziehungsaufnahme zum Umkreis» ist die typische Eigenschaft dieses Planeten, die merkurielle Eigenschaft.

Mittwoch, ein Tag zum Wachsen

Während Merkur durch seine Raumorientierung und besondere Bewegungsart Beziehungen zu anderen Planeten knüpft, verhilft uns die Aufmerksamkeit dazu, dies in unserem Umkreis zu leisten. Durch das Interesse für das Umfeld, die Bejahung des Fremden, erschließen sich uns neue Quellen der Inspiration. Die tägliche Aufnahme von Nahrung bildet die Grundlage für das Leben, für das Wachstum. In gleicher Weise bereichern Anregungen und daraus gewonnene neue Vorstellungen und Ideen das innere Leben und sorgen für geistiges Wachstum.

Die Fremde hat ein fremdes Leben,
und wir können es uns nicht zu
eigen machen, wenn es uns gleich
als Gästen gefällt.

Goethe in einem Brief an Herder

Wie wird ein richtiges Urteil gerecht, ein gerechtes Urteil weise?

5 | Donnerstag

Ein- und Umsicht im Handeln

Mehr noch als Reisefieber

«Habe ich an alles gedacht?» Diese Frage kann in der Vorbereitung von Urlaubsreisen quälenden Charakter annehmen. «Ist die Zeitung abbestellt, sind die Tiere versorgt, alle Papiere beisammen, kein Termin vergessen, muss irgendjemand noch irgendetwas wissen?» Das sogenannte Reisefieber ist oft die verzweifelte Suche nach Gewissheit, nichts vergessen oder übersehen zu haben. Und hat man die Gewissheit schließlich erlangt, so setzt kurz darauf schon wieder Skepsis ein, weil man diese Sicherheit für trügerisch hält. Für manche Menschen ist diese Unruhe vor der Abreise so aufreibend, dass von der Vorfreude auf neue Landschaften und Kulturen wenig übrig bleibt. Hinter diesen Reiseaufregungen steht meistens die Vorstellung, man könne jetzt etwas außer Acht lassen, was sich später rächen würde, weil es dann in der Zukunft nicht ohne weiteres nachzuholen sei. Dies ist sicher richtig, gilt aber nicht nur für Reisen, wir erleben es bei ihnen nur stärker.

Allgemein liegt der beschriebenen Empfindung der Gedanke zugrunde, dass sich aus einem Versäumnis in der Gegenwart Folgen ergeben, mit denen man in der Zukunft konfrontiert wird. Eines der prominentesten Beispiele ist sicherlich das Unglück bei der Herstellung des Hubble-Teleskops, das in die Erdumlaufbahn geschossen wurde. Durch Unachtsamkeit wurde beim Schleifen des großen Hauptspiegels ein falsches Messgerät verwendet, so dass eine falsche Krümmung in den Spiegel geschliffen wurde. Der Fehler zeigte sich erst, als das Teleskop im Orbit war. Vor einigen Jahren hat man daraufhin in einer aufwendigen und teuren «Teleskoprettungsaktion» ein Korrekturspiegel eingesetzt, der den Fehler weitgehend ausglich. Somit konnte der Schaden behoben werden.

Fehlurteile und ihre Konsequenzen

Wie ist es nun im menschlichen, im sozialen Bereich? Der Pädagoge Rudolf Grosse schilderte aus seiner Lehrerzeit ein Beispiel: In einer Lehrerkonferenz wurde über einen schwierigen Schüler gesprochen. Die Lehrer bündelten ihre Beobachtungen: Er vernachlässige oft die Hausaufgaben, hieß es, zeige wenig Engagement im Unterricht, schaue oft ins Leere, nehme in den Pausen selten am Spiel seiner Klassenkameraden teil, usw. Man kam gemeinsam zum Schluss, der Schüler sei faul. «Stinkfaul!» ergänzte ein empörter

| 5

Lehrer. Doch das Blatt wendete sich: Nicht der Schüler wurde verurteilt, sondern das Kollegium erlitt eine pädagogische Niederlage aufgrund der verblüffenden Diagnose des Schularztes: Der Junge habe schwere Verdauungsstörungen, so dass er die eigenen Fäulnisstoffe nur schwer aus dem Körper schaffen könne. Geistig-seelische Frische und Engagement sei für ihn angesichts dieses Befundes schwierig.

Dies Beispiel soll zeigen, dass im Sozialen Versäumnisse (hier die medizinische Sicht) besonders schwer wiegen, weil die Folgen oft nicht aufgehoben werden können, bedenkt man die möglichen Konsequenzen des beschriebenen Fehlurteils, der moralischen Verurteilung des Jungen für dessen Entwicklung. Schaut man auf persönliche Fehlentscheidungen und Handlungen, so stellt man meistens fest, dass der Fehler nicht durch falsche Beobachtungen oder Überlegungen entsteht, sondern dadurch, dass etwas vergessen wird. Eine scheinbar nebensächliche aber dennoch wesentliche Sache wird nicht berücksichtigt, wird unterschlagen, und so entsteht ein unvollständiges Bild, von dem falsche Handlungen abgeleitet werden.

Kenntnis des Umfeldes: Ökologie

Dass bei Entscheidungen und Handlungen, sollen sie sich fruchtbar ins Soziale einfügen, nicht nur Einsicht in die Umstände notwendig ist, sondern ebenso Umsicht, Kenntnis des weiteren Umfeldes, ist bei der Betrachtung der Qualität der einzelnen Wochentage besonders für den Donnerstag gültig. Am Mittwoch ist als seelische Grundstimmung ein gesteigertes Interesse für den Umkreis zu beobachten. Dadurch kann für den Donnerstag die Voraussetzung geschaffen werden, nicht nur auf Grundlage der eigenen Ideen und der Einsicht in die unmittelbaren Bedingungen zu handeln, sondern auch weitergehende Auswirkungen zu bedenken. Vielleicht kann solch ein Handeln «ökologisch» genannt werden, denn Ökologie ist die Wissenschaft, die verborgenen Zusammenhänge anscheinend weit auseinander liegender Lebensbereiche finden und ergründen will. Der Donnerstag eignet sich deshalb besonders, um in diesem Sinne «sozialökologisch» zu handeln.

Dem Donnerstag wurde in babylonischer Zeit der Planet Jupiter zugeordnet. Was zeichnet

| 5

diesen Riesen unter den Planeten aus? Er besitzt mit 142.800 km beinahe den zwölffachen Durchmesser der Erde und ist zwölfmal so langsam in seinem Umlauf um die Sonne. Nun ist mit der Zahl 12 immer der Blick auf das Ganze, die Vollständikeit gemeint. So repräsentieren die 12 Stämme Israels, die 12 Apostel, die 12 Ritter der Tafelrunde oder die 12 Geschworenen im Gericht die vollständige Vielfalt des Menschen, ja die ganze Menschheit. Entsprechend erfolgt die Wahrnehmung der Wirklichkeit im Zusammenspiel von zwölf einzelnen Sinnen und auch die Vearbeitung, der innere Umgang mit der Wirklichkeit spielt sich in zwölf möglichen Weltanschauungen ab. Organisationsberater und Soziologen weisen deshalb darauf hin, dass für eine umfassende Beurteilung einer Sache oder eines Problems im Idealfall zwölf unterschiedliche Standpunkte und Blickrichtungen zusammenwirken sollten.

Diese Vollständigkeit im Denken anzustreben und daraus zu handeln ist deshalb Kennzeichen des fünften Tages der Woche. Auf eine knappe Formel gebracht unterscheiden sich die beiden aktiven, tätigkeitsbetonenden Tage Dienstag und Donnerstag darin, dass am Mars-Tag das Tun maßgeblich ist, während am Jupiter-Tag das «Handeln», als der Möglichkeit nach «weisheitsgetragenes Tun» an dessen Stelle tritt.

| 5

Die Weisheit eines Menschen misst man nicht nach seiner Erfahrung, sondern nach seiner Fähigkeit, Erfahrungen zu machen.
George Bernard Shaw, Der Katechismus eines Umstürzlers

Wie wird es schön?

Die Wichtigkeit der Nebensache

| 6

Das Schöne

Die Arbeit scheint vollendet: An alles wurde
gedacht, alle Bedingungen und Bedürfnisse sind

berücksichtigt, selbst Fehler wurden bereits entdeckt und behoben. Das Ergebnis wird allen Vorgaben gerecht und dennoch: jemand der beteiligten Mitarbeiter ist unzufrieden. Sein Blick wandert über die fertige Arbeit – und plötzlich kommt der überraschende Vorschlag, es sei noch etwas zu ergänzen, damit die Sache bei all dem was schon erreicht wurde nun auch noch schön werde.

Sei es ein selbstgebauter Kinderspielplatz oder eine Unterstellmöglichkeit für ein Auto, unabhängig davon, wie praktisch und funktional das gewünschte Projekt werden soll, man möchte etwas hinzufügen, was allein dazu da ist, die Sache zu verschönern. Es ist der Wunsch, sich von allen Notwendigkeiten zu befreien und aus der eigenen schöpferischen Eingebung der anscheinend fertigen Unternehmung das Besondere hinzuzufügen, einen individuellen Charakter zu geben. Es kann der entscheidende Tupfer Farbe an einer Holzhütte, die passenden Blumen oder eine geschnitzte Figur an der Regenrinne sein. Es kann der schwungvolle Ausläufer einer Trockenmauer im Garten sein, die Blumenvase auf dem Frühstückstisch oder die besondere Verzierung eines Kuchens. Überall, beinahe bei jeder Arbeit kommt der Moment, an dem man das scheinbar Nebensächliche in den Mittelpunkt stellen möchte.

Spiel und Fantasie

Es ist die Fantasie, die zum Zuge kommt und durch die wir uns vom Diktat der Sachzwänge, Notwendigkeiten und Rahmenbedingungen befreien. Während alle praktischen Gesichtspunkte mehr oder weniger aus den Bedingungen, aus den Startwerten abgeleitet werden können und deshalb im eigentlichen Sinne gar nicht neu sind, tritt durch die schöpferische Zugabe etwas Überraschendes, etwas Neues hinzu. So verwundert es nicht, dass der größte kindliche Eifer besonders dann entfesselt wird, wenn es um die Verschönerung einer Sache geht. Das Kompliment «das ist aber praktisch» oder «sinnvoll» freut ein Kind weit weniger als das Berühmte «das ist aber schön geworden», «das hast du aber schön gemacht».

Eine der berühmtesten Lobreden über die Fantasie sind die Briefe von Friedrich Schiller über die ästhetische Erziehung des Menschen: «Denn, um es endlich auf einmal herauszusagen, der Mensch spielt nur, wo er in voller Bedeutung des Worts Mensch ist, und er ist nur da ganz Mensch, wo er spielt.» Wie man in jedem Spiel sich selbstgewählten Regeln unterwirft, so gilt im Schillerschen «Spiel» genauso, dass zur Fantasie immer dazugehört, dass man auf das innere Gefühl achtet, was ästhetisch zueinander passt, auf das, was stimmig ist und was nicht. Versäumt man diese Aufmerksamkeit, bzw. schult man sie nicht, wird aus dem Schillerschen Spiel leicht Spielerei, aus Fantasie Fantastik – das Schöne erscheint nur kurzfristig originell und wird dann fad. Es scheint paradox, aber obwohl es unendlich viele Möglichkeiten gibt, eine Sache zu verschönern, ist zugleich Beliebigkeit der Feind des Schönen.

6 |

Der Tag des Schönen und Schöpferischen

Derjenige Tag der Woche, an dem wir besonders geneigt sind, das Vorhandene ins künstlerische zu heben, ist der Freitag. Vorangegangen ist der

Donnerstag, wo aus der Kenntnis des Umkreises gestaltet wurde. Durch den Donnerstag kann unser Schaffen sinnvoll werden, durch den Freitag schön. Natürlich gelten diese Charakterisierungen der Wochentage nicht schablonenhaft, aber sie können helfen, unsere Aufmerksamkeit zu wecken, auf welche Weise unsere Tätigkeit durch die rhythmische Gliederung der Woche unterstützt wird und wann wir eher in Kontrast zu den Qualitäten der Wochentage stehen. So zeigt die Betrachtung des Freitags, dass uns an diesem Tag Prüfungen weniger liegen, weil die schöpferisch-künstlerische Grundstimmung dazu anregt, sich von äußeren Notwendigkeiten und Bedingungen, wie sie zu jeder Prüfung gehören zu befreien.

Im Sinne der babylonischen kosmologischen Zuordnung der Wochentage entspricht dem Freitag der Planet Venus. Doch damals hieß er Ishtar, die Göttin der Liebe und Schönheit. In nachfolgenden Kulturen wurde diese Gottheit in ihrem Wesen und Eigenschaften nach übernommen, aber mit anderem Namen angesprochen. Aus Ishtar wurde in Griechenland Aphrodite und in Rom später Venus. In der germanischen Mythologie wurde sie mit dem Namen Freja versehen, was sich in der deutschen Wochentagsbezeichnung niedergeschlagen hat. In romanischen Sprachen (französisch: vendredi) blieb es bei der römischen Anlehnung.

So, wie Freitag der Tag des Schönen ist, ist Venus der Planet der Schönheit: Kein anderer Planet strahlt so verschwenderisch sein Licht in den Umkreis. Während beispielsweise unser Mond nur sieben Prozent des Sonnenlichtes reflektiert und den Rest als Wärme aufnimmt, strahlt Venus 70 Prozent zurück. Sie kann deshalb schon vor Sonnenuntergang aufleuchten. Betrachtet man die Punkte im Tierkreis, die Venus durchwandert, wenn sie besonders nahe zur Erde steht, so bildet sich ein regelmäßiger Fünfstern, das pentagramma veneris – eine Art «kosmische Blüte». Dieses Bild wiederholt sich auf der Oberfläche des hellen Planeten. Die Einschläge verursachten hier nicht die typischen Krater, wie sie von Mond und Merkur vertraut sind, sondern sogenannte «Blumenvulkane». Die dichte Atmosphäre der Venus ließ die hervortretende Lava um den Krater blütenblätterartige Strukturen bilden. Wenn der Sonntag als der Tag Gottes bezeichnet werden kann, dann ist der Freitag, der Tag des schöpferischen Menschen.

Wirke Gutes, du nährst der
Menschheit göttliche Pflanze; /
Bilde Schönes, du streust Keime
der göttlichen aus.

Friedrich Schiller, Zweierlei Wirkungsarten,
Tabulae Votivae

Wie wird man alt?

7 | Samstag

Wie kommt das Alte in die Welt? | 7

Jeder, der die Aufführung einer Sinfonie miterlebt
hat, kennt den großartigen Augenblick: Der letzte

Satz ist zu Ende, der Dirigent deutet den Musikern mit einer kaum sichtbaren kleinen Bewegung beider Hände den Abschluss des letzten Tones an. Die Musik verklingt und es tritt eine Stille ein, die nur deshalb nicht von ungeduldigem Applaus gestört wird, weil Musiker und Dirigent in hoher Konzentration die Spannung noch einige Sekunden aufrechterhalten. Die Streicher halten den Bogen, die Bläser lassen das Mundstück an den Lippen und die Gebärde des Dirigenten scheint eingefroren zu sein. Dann senkt der Dirigent seine Arme, löst die gespannten Schultern, und mit einem gemeinsamen Ausatmen von Publikum, Musikern und Dirigent setzt der Beifall ein – jetzt ist das Stück zu Ende. Wohl selten ist eine angefülltere, eine «lautere» Stille zu erleben, als diejenige unmittelbar nach einem Konzert. Die gesamte Sinfonie scheint in diesen Sekunden verdichtet anwesend zu sein. Aus dem Nacheinander der einzelnen Melodien, dem Auf und Ab der einzelnen Sätze wird in diesem Moment ein Nebeneinander, eine tableau-artige Gleichzeitigkeit. Wer solch eine Zeitlosigkeit der Musik erlebt hat, wird Mozart Glauben schenken, wenn der Komponist beschreibt, dass er manche Sinfonien in ihrer

Gesamtheit in einem Moment erfasst hat und
es daraufhin arbeitsamer Tage bedurfte, um all
die einzelnen Stimmen zu notieren. Auch wenn
diese Fähigkeit das normale Maß weit überragt,
so kennzeichnet sie doch eine typische Fähigkeit
des menschlichen Geistes: zeitlich auseinander
liegende Geschehnisse zu einem Gleichzeitigen
zusammenfassen zu können.

Die Zeit der Rückschau

Vor allem am Samstag, wenn rückblickend auf
die vergangenen Tage geschaut wird, kann sich
diese Fähigkeit entfalten. Dabei ist weniger an
eine analytische Rückschau, einen Kassensturz
im Sinne von «Was ist gelungen, und was ging
schief?» gedacht, sondern eine Art «Musikalisches
Erinnern». Was ist damit gemeint? Im geistigen
Nebeneinanderstellen der Vorkommnisse der
einzelnen Wochentage zeigen sich neue Bezüge
und Zusammenhänge unter den Erlebnissen der
Woche, welche die bekannten kausalen Beziehungen überragen. Man kommt auf die Spur tiefer
liegender Ursachen und Beweggründe, in denen

| 7

die Zeit sich mitunter umzudrehen scheint: So kann ein scheinbar zufälliges Gespräch auf einer Zugfahrt am Dienstag erst dadurch Gewicht gewinnen, dass bestimmte Ideen oder Informationen aus dem Gespräch für eine Aufgabe am darauf folgenden Freitag wichtig werden. Der Grund für das betreffende Gespräch scheint damit in der Zukunft zu liegen. Am Samstag, dem Saturn-Tag, kommt die Woche zu ihrem Ende. Nun zeigt jeder Zeitabschnitt, sei es der Tageslauf oder der große Zyklus einer Kulturepoche, charakteristische Phasen. Im Gespräch ist es beispielsweise die Begrüßung, im Jahreslauf der Frühling und für die kindliche Zeitrechnung das unbeschriebene neue Heft am Schuljahresanfang: Jede Zeitperiode beginnt mit der Entfaltung eines Neuen. In gleicher Weise steht am Ende eines Entwicklungsbogens die Reifung, die Verinnerlichung.

7 |

Innovation und Reife

In den letzten Jahren konnte man immer wieder die Frage hören: «Wie kommt das Neue in die Welt?» Es ist die Frage nach den Entwicklungsbedingungen von Innovation. Was fördert den Einfall, was begünstigt Visionen und notwendige Richtungskorrekturen? Wie bewahrt man sich Frische, wie gewinnt eine Freundschaft oder Arbeitsgemeinschaft, die Kraft sich zu erneuern? Die Antwort liegt nur zur Hälfte in der Frage nach dem Neuen, nach den «Startbedingungen» der Entwicklung. In gleicher Intensität muss die Frage nach dem Alten gestellt werden: «Wie kann das Bestehende reifen, dass daraus neue Keime entstehen?» «Wie kommt das Alte in die Welt?» Denn während auf der materiellen Ebene das Altwerden von selbst geschieht, ist im Seelischen mit Altwerden ein Reiferwerden gemeint. Das geschieht allerdings nicht oder nur zum kleineren Teil von selbst. Während der Sonntag uns zu neuen Entschlüssen und Visionen anregt und damit verjüngt, hilft uns der Samstag alt zu werden, indem jetzt die Ereignisse und Erfahrungen der Woche noch einmal anklingen und dadurch «geerntet» | 7 werden können.

Die schöpferische Pause

Wohl vor allem deshalb, weil die heutige Kultur besonders jugendfixiert ist, ist es gerade der Samstag, der am wenigsten zu seinem Recht kommt. Freizeitvergnügen und Unterhaltungsindustrie belegen weitgehend den Ort, an dem die schöpferische Pause der Woche am sinnvollsten ist. So verständlich der Wunsch nach Zerstreuung am Wochenende ist, so wichtig ist es nach dem turbulenten Verlauf der einzelnen Wochentage ein wenig in Ruhe zu verharren. Vielleicht scheuen wir diese Ruhe auch deshalb, weil in ihr immer etwas Trauer liegt, Trauer dass der Prozess, das spezifische Leben dieser Woche nun vorbei ist. Aber für diesen kleinen Sterbevorgang, wenn die Musik verstummt, wie auch wenn am Samstag zurückgeblickt wird, gilt das gleiche, was Goethe für die großen Naturzyklen beschrieben hat: «Der Tod ist die größte Erfindung des Lebens, um noch mehr Leben zu haben.»

Indem die Ereignisse der Woche am Samstag in der Erinnerung noch einmal lebendig werden, können sie im besten Sinne des Wortes sterben und zu persönlichen Fähigkeiten sich wandeln.

7 |

Damit werden wir frei für neue Erfahrungen, neue Ideen – wir sind vorbereitet für den neuen Sonntag. –

So schließt sich der Kreis der Woche, der siebenfache Flügelschlag der Seele.

Die Menschen erwerben sich ihre besten Erfahrungen durch Erinnerung der Misserfolge, die sie im Verkehr mit anderen und sonst im Leben erlitten haben.

Samuel Smiles, Der Charakter

| 7

falter | Wege der Seele – Bilder des Lebens

Verlag Freies Geistesleben
Bücher für den Wandel des Menschen

falter | Wege der Seele – Bilder des Lebens

Verlag Freies Geistesleben
Bücher für den Wandel des Menschen

falter | Wege der Seele – Bilder des Lebens

Verlag Freies Geistesleben
Bücher für den Wandel des Menschen

Verlag Freies Geistesleben
Bücher für den Wandel des Menschen

Verlag Freies Geistesleben
Bücher für den Wandel des Menschen

Verlag Freies Geistesleben
Bücher für den Wandel des Menschen

Verlag Freies Geistesleben
Bücher für den Wandel des Menschen

Verlag Freies Geistesleben
Bücher für den Wandel des Menschen

falter | Wege der Seele – Bilder des Lebens

Verlag Freies Geistesleben
Bücher für den Wandel des Menschen

Verlag Freies Geistesleben
Bücher für den Wandel des Menschen